AF340017

27
$\mathcal{L}$ n 14618.

MONTESQUIEU

CONSIDÉRÉ

DANS UNE RÉPUBLIQUE.

Par le C. DELACROIX, Juge au Tribunal Civil du Département de Seine et Oise.

A PARIS,

Chez { MOUTARDIER, Libraire, quai des Augustins, N.º 28.
DESENNE, Libraire au Palais Egalité.

AN VI.

A VERSAILLES, chez LEBLANC, Imprimeur-
Libraire, Place d'Armes, N.º 1.

AVERTISSEMENT.

Ce Discours a été composé
pour être mis à la tête de la superbe édition de Montesquieu,
que viennent de publier les CC.
Plassan et Bernard.

Des considérations particu-
lières ont déterminé les éditeurs
à n'en pas faire usage. L'auteur
aurait consenti à l'ensevelir dans
l'oubli, s'il n'eût pas cru néces-
saire de repousser les attaques
nouvellement dirigées contre
Montesquieu , et de prouver

qu'il ne mérite pas moins d'être honoré au sein de la République Française qu'il ne l'a été sous l'existence de la monarchie.

DISCOURS

SUR

MONTESQUIEU.

C'EST de la justesse et de la sublimité de ses pensées que l'écrivain célèbre tire toute sa gloire; en-vain obtiendrait-il de la faveur populaire des éloges exagérés; en-vain lui décernerait-elle des couronnes: si ses compositions n'attestent pas à la postérité son génie, il passe bientôt, de l'éclat d'une fausse renommée, au néant de l'oubli.

Aussi le plus beau monument que les admirateurs de Montesquieu pouvaient ériger à sa mémoire, c'était un recueil magnifique et complet de ses Œuvres; c'est là que doivent être réunis et ses droits à la reconnaissance des peuples qu'il a éclairés , et ses titres à l'immortalité.

Rien ne constate plus la haute réputation de ce grand publiciste que l'attitude imposante que son image conserve encore au milieu de ces irruptions , de ces chocs qui ont ébranlé les trônes de l'Europe , et confondu tant de systêmes politiques.

Dans ce bouleversement de toutes les opinions anciennes et modernes , on a vu tous les bons esprits aller se ranger autour de Montesquieu , comme autrefois dans les grands accidens de la nature , les prêtres et le peuple se réfugiaient dans les temples , et s'empressaient d'environner les statues des Dieux.

L'auteur de l'Esprit des lois a sur la plûpart des écrivains de son siècle et de sa nation, l'avantage que si la France entière venait à disparaître, il subsisterait encore, dans toute la splendeur de son génie, par son immortel ouvrage.

Qu'on ne croye pas cependant que notre admiration pour l'Esprit des lois soit assez aveugle pour ne vouloir y découvrir aucunes taches, aucunes erreurs. C'est l'ouvrage d'un homme qui fut dominé par les puissances, tyrannisé par les préjugés de ses contemporains : il n'avait pas le droit de révéler toutes les vérités, de donner tout son essor à sa pensée ; plus son existence était importante, moins il devait risquer de compromettre l'autorité de son opinion ; il ne pouvait hasarder plus de franchise, sans être téméraire ; au-lieu de devenir une des lumières de son siècle, il en aurait paru le scandale. Soldat imprudent, il eût, en affrontant le fanatisme et la tyrannie, péri comme tant d'autres dans la mêlée ; tandis qu'en chef habile il a dirigé les attaques, armé les faibles, et préparé la victoire.

Combien il est facile à ceux qui n'ont marché qu'à la lueur de son génie, d'insulter à son courage et d'écrire sur les ruines du trône, de l'autel et des antiques monumens de la justice, que l'auteur des Lettres persannes et de l'Esprit des lois fut un écrivain timide; qu'il composa trop avec les préjugés, avec les opinions reçues!

De tous ces modernes publicistes, si courageux lorsqu'il n'existe plus de danger que pour celui qui veut être toujours vrai, toujours juste, en est-il un seul qui eût, sous la domination d'un cardinal de Fleury, sous le despotisme des Parlemens, sous l'empire du fanatisme, ôsé attacher un nom, une existence, une fortune connue, au sort d'un Ouvrage dont l'objet eût été d'apprécier le droit des peuples, de balancer la puissance des rois, de remonter à l'origine des lois, de soulever le voile des cultes religieux, de faire prédominer le gouvernement d'une nation, la rivale et l'ennemie de la France.

Voilà pourtant ce qu'a fait Montesquieu. Si, comme on l'a répété, il s'était trop ressouvenu qu'il avait été magistrat, pourquoi nul orateur du barreau, n'aurait-il ôsé s'appuyer de son autorité dans les tribunaux, tandis qu'on y citait comme des oracles, les Daguesseau, les Lamoignon, dont le vol timide ne s'est jamais élevé au-dessus de notre antique jurisprudence ?

Ce qui constitue le mérite de l'auteur

de l'Esprit des lois, est d'avoir subju=
gué, ébloui toutes les puissances par
l'art de son talent ; d'avoir enchaîné,
par la force de son génie, toutes les
rivalités, toutes les passions ; d'avoir
affaibli tous les préjugés en évitant de
les irriter. Lorsque la prudence l'a forcé
de se taire, il a fait parler jusqu'à son
silence.....

Le comble de l'injustice serait de lui
faire un crime de n'avoir pas déraciné
des abus qui depuis des siècles s'étaient
fortifiés à l'ombre de la monarchie. Un
écrivain habile devait-il risquer de bri-
ser sa plume, en essayant de soulever
une masse énorme que le sceptre même
de nos rois n'aurait pû renverser?

A-t-on oublié que malgré le tact
le plus fin, la mesure la plus adroite,
les détours les plus ingénieux, les ré-
ticences les plus délicates, il s'est vu

forcé de s'armer de la massue d'Hercule, pour terrasser le fanatisme, l'ignorance et l'envie, qui s'élancèrent sur lui, espérant, dans leur aveugle rage, l'entraîner sanglant aux pieds des autels et du trône, pour immoler celui qui eût été la plus illustre de leurs victimes ?

Sorti victorieux d'un combat où il avait déployé autant de force que d'adresse, pouvait - il prévoir qu'on lui reprocherait un jour de n'avoir pas fourni de plus terribles armes à ses ennemis ?

Ceux qui l'ont attaqué de son vivant sont anéantis ; de plus vigoureux athlètes se sont successivement attachés à son principal Ouvrage ; et depuis d'Alembert, qui s'est illustré par un Éloge de Montesquieu et une sage analyse de l'Esprit des lois, il semble qu'on ait cru s'élever au-dessus de ce grand homme, en combattant son ombre.

Voltaire, qui lui a rendu le plus magnifique des hommages, par cette seule phrâse : *Le genre humain avait perdu ses titres, Montesquieu les a retrouvés et consacrés à l'immortalité*; Voltaire, qui avait trop de titres à la gloire, pour devoir jamais être jaloux de celle des hommes les plus célèbres, a paru craindre que sa réputation ne fût balancée par une plus éclatante renommée que la sienne; il eût sans-doute été facile de trouver dans quatre volumes quelques maximes trop générales, des comparaisons plus brillantes que justes; des citations altérées par une imagination trop abondante : mais devait-il se permettre d'ajouter que *Montesquieu avait presque toujours tort avec les savans*, *parce qu'il ne l'était pas ; que dans son Livre, l'esprit égare, et la lettre n'apprend rien ?*

N'était-ce pas faire injure à ses lecteurs, que de vouloir leur persuader que Montesquieu n'était pas un savant! Eh! de quoi donc se compose la science en politique, en législation, en morale, si ce n'est de la connaissance des mœurs de tous les peuples de la terre ; de l'étude des auteurs anciens et modernes, de ses longues méditations sur les gouvernemens, de ses voyages, de ses observations, de ses entretiens avec tous les savans ?

A quel homme fera-t-on croire, *qu'il n'y a rien à apprendre dans l'Esprit des lois ?* Voltaire lui-même n'y a-t-il rien appris ? Ah! c'était trop se ressouvenir d'une saillie échappée à l'auteur des Lettres persannes, contre les poëtes. Parce que Voltaire ne s'est pas élevé à toute la hauteur de la géométrie ; parce qu'il a souvent erré en chymie ; parce qu'il a à-peine effleuré l'Histoire naturelle, et n'a developpé aucunes idées neuves en politique : en conclura-t-on qu'il ne doit pas être compté parmi les hommes qui ont le plus éclairé leur siècle, et qu'il n'était pas un savant ?

De tous les écrivains qui ont parlé de Montesquieu, Rousseau est peut-être le seul qui ait bien apprécié ce qu'il a fait, ce qu'il pouvait produire, et ce qu'il s'est abstenu de traiter.

Le droit politique, dit-il, est encore à naître ; et il est à présumer qu'il ne naîtra jamais. Le seul moderne, en état de créer cette grande et inutile science, eût été l'illustre Montesquieu ; mais il n'eut garde de traiter des

*principes du droit politique ; il se
contenta de traiter du droit positif
des gouvernemens établis: et rien au
monde n'est plus différent que ces deux
études.*

C'est faute d'avoir fait cette distinc-
tion, que tant de critiques ont depuis
peu assailli l'Esprit des lois; on a voulu
y voir ce qui ne devait pas s'y trouver
d'après le plan de l'auteur.

Eh ! qui sait si ce grand homme,
appercevant, de la hauteur de son génie,
ce qu'il en coûterait de sang aux nations si elles concevaient un jour le
noble projet de se réintégrer dans leurs
antiques privilèges, et tentaient d'ar-
racher à la tyrannie son sceptre de fer;
à la magistrature vénale, son glaive
homicide; à la superstition, ses pres-
tiges; à la noblesse, ses usurpations: il
n'a pas cru devoir jeter un voile sur

le plus sacré des droits ? Nous appartient-il, dans ce moment, de lui faire un crime de ne s'être pas confié à la prudence des peuples ? Ah ! n'en doutons pas, il a cru travailler plus utilement pour eux, en s'efforçant d'éclairer les autorités qui les gouvernent ; il a essayé de remonter, à l'honneur, à la justice, ces grands ressorts politiques qu'il voyait par-tout relâchés, détendus. Il a tracé aux divers pouvoirs leurs limites ; et afin de les y contenir, il les a effrayés par l'aspect du despotisme et de l'anarchie, ces deux redoutables écueils entre lesquels vogue la destinée des nations.

S'il parait transiger trop légèrement avec des institutions vicieuses, c'est parce qu'il n'ignorait pas qu'en supposant même qu'on parvînt à les détruire, elles seraient infailliblement remplacées par d'autres, d'abord trop confuses pour n'être pas funestes au peuple, toujours si prompt à se laisser égarer par ses illusions.

Un des plus graves reproches, fait à Montesquieu, est d'avoir écrit que *la vénalité des charges est bonne dans les monarchies.* Certainement il ne serait pas excusable s'il eût ôsé dire qu'*il valait mieux vendre à l'ignorance le droit de rendre la justice, que de le conférer au mérite.* Le tort des critiques a été d'isoler cette pensée, de la détacher de sa bâse : voici sur quel motif porte cette maxime qui paraît si monstrueuse. *Dans une monarchie, où, quand les charges ne se vendraient pas par un réglement public, l'indigence et l'avidité des courtisans les vendraient tout-de-même, le hasard donnera de meilleurs sujets que le choix du prince.* Est-ce donc là le langage d'un adulateur des rois, des magistrats ? N'est-ce pas dire clairement : *Puisque, dans une monarchie, les charges de la magistrature doivent être vendues au premier offrant, ou données à l'intrigue par le choix du prince, il vaut encore mieux qu'elles soient le prix d'une fortune légitimement acquise, que la proie des courtisans !* Il me serait, aussi, facile de justifier Montesquieu sur les reproches qu'on lui fait, d'avoir attaché trop d'importance à l'existence de la noblesse qu'il place entre le trône et le peuple, comme une barrière contre le despotisme ; d'avoir exagéré l'avantage de ces pouvoirs intermédiaires, qui devaient, suivant lui, servir de contre-poids à une autorité impérieuse. Fallait-il donc révéler à nos monarques le

secret de leur force ; les avertir que nous n'avions qu'une constitution imaginaire et d'opinion ; que la volonté du monarque pouvait, en France comme en Asie, devenir la loi suprême ; que la noblesse n'étant qu'une chimère, un souffle de vanité ; la magistrature, une émanation de l'unique autorité qui existait: ils pouvaient dissiper ces fantômes, et asservir indistinctement la multitude à leurs caprices ?

C'est peut-être parce que le dernier de nos rois, ne découvrant pas toute l'étendue de sa puissance, a voulu se fortifier du vœu de la nation, pour établir le plus juste des impots, qu'il a été précipité du trône, et que le peuple des Francs a ressaisi cette liberté qui lui fut ravie depuis le règne de Clovis, et par ses monarques, et par la noblesse, et par le clergé, tantôt réunis, tantôt divisés pour l'asservir.

Quand bien même Montesquieu, se rappelant sans-cesse les excès de l'indépendance populaire, les horreurs des guerres civiles, les séditions, les proscriptions, les révolutions sanglantes, eût, comme le prétend un de ses adversaires, pensé qu'*il était de son devoir d'aimer, de faire aimer le gouvernement de sa patrie*, et l'eût préféré, parce que la prompte exécution, le silence forcé, la morne paix des monarchies ressemblent quelquefois à la justice, au bon ordre et au calme du bien-être : serait-il moins respectable à nos yeux que ces prétendus amis de l'humanité, que l'on a vu, dans tous les siècles, se jouer de la fortune, de l'existence des peuples, et immoler des générations entières à des essais politiques ?

Mais est-il donc vrai que l'auteur de l'Esprit des lois ait tellement exalté le

gouvernement monarchique, que le ci-
toyen épris des sentimens d'égalité et
de liberté, ne puisse recueillir aucun
fruit de cet ouvrage ? ah ! s'il était médité par les républicains, que de vérités
importantes ils y puiseraient ! L'anarchie eût-elle obscurci l'horison de notre
liberté, si l'on se fût bien pénétré de
ce que dit Montesquieu dans le chapitre
qui a pour titre : *De la corruption du
principe de la démocratie?*

Républicains, écoutez celui que vous
devez regarder encore comme un de
vos oracles :

*Le principe de la démocratie se cor-
rompt, non-seulement lorsqu'on perd
l'esprit d'égalité, mais encore quand
on prend l'esprit d'égalité extrême, et
que chacun veut étre égal à ceux qu'il
choisit pour commander. Pour lors le
peuple, ne pouvant souffrir le pouvoir méme qu'il confie, veut tout faire*

par lui-même, délibérer pour le sénat, exécuter pour les magistrats, et dépouiller tous les juges.

Il ne peut plus y avoir de vertus dans la république : si le peuple veut faire les fonctions des magistrats, on ne les respecte donc plus ; les délibérations n'ont plus de poids, on n'a donc plus d'égards pour les sénateurs et par-conséquent pour les vieillards ; que si l'on n'a pas de respect pour les vieillards, on n'en aura pas non plus pour les pères ; les maris ne méritent plus de déférence, ni les maîtres de soumission ; la gêne du commandement fatiguera comme celle de l'obéissance ; les femmes, les enfans, les esclaves n'auront plus de soumission pour personne ; il n'y aura plus de mœurs, plus d'amour de l'ordre, enfin plus de vertus.

Comment peut-on accuser Montesquieu de n'avoir jamais senti son cœur embrâsé de l'amour de la liberté, et de ne s'être pas élevé à la sublimité du gouvernement républicain ? Le noble qui aurait toujours rampé au pied du trône pour en obtenir les faveurs ; le magistrat qui toujours enveloppé de sa toge n'aurait pas perdu de vue la place qu'il occupait dans une cour souveraine, eussent-ils peint avec cette énergie et cette justesse d'expression la passion dominante des républicains ?

L'amour de la république, dans une démocratie, est celui de la démocratie; l'amour de la démocratie est celui de l'égalité.

L'amour de la démocratie est encore celui de la frugalité; chacun devant y avoir le même bonheur et les mêmes avantages, y doit goûter les mêmes plaisirs et former les mêmes espé-

rances : chose qu'on ne peut attendre que de la frugalité générale.

L'amour de l'égalité, dans une démocratie, borne l'ambition au seul désir, au seul bonheur de rendre à sa patrie de plus grands services que les autres citoyens. Ils ne peuvent pas tous lui rendre des services égaux, mais ils doivent tous également lui en rendre. En naissant on contracte envers elle une dette immense dont on ne peut jamais s'acquitter.

Nous n'enrichissons notre discours de ces citations que pour mieux confondre ces auteurs éphémères, devenus républicains avant d'avoir connu ce qui constitue la démocratie, et qui, dans leur vanité puérile, se croient supérieurs à l'homme de génie qui a plané sur tous les gouvernemens, et nous en a dévoilé les ressorts.

Pour donner plus de poids à leurs déclamations ils vont troubler les mânes d'Helvétius ; ils l'arrachent de sa tombe et le forcent de combattre celui qu'il a toujours loué de son vivant. En admettant pour vraies des lettres qui n'avaient jamais vû le jour, et que l'auteur du livre de l'Esprit aurait peut-être désavouées ; qu'en pourrait-on conclure ? qu'*il n'a jamais compris,* ainsi qu'il le déclare, *toutes les distinctions faites sur les gouvernemens ; qu'il n'en voulait connaître que de deux espèces, les bons et les mauvais.*

Fallait-il, d'après cette opinion qui a plus d'éclat que de profondeur, confondre la démocratie avec l'aristocratie, la monarchie avec le despotisme ; s'abstenir de nous faire connaître ce que devait être une constitution pour que l peuple fût gouverné sans être opp·

et trouvât la liberté sous le sceptre de la loi ?

Si Helvétius a véritablement craint que l'ouvrage de l'Esprit des lois ne nous égarât pour long-tems, il était du devoir d'un sage, d'un philosophe, de nous ramener à la vérité ; il ne devait pas sur-tout risquer de nous enfoncer davantage dans l'erreur, en unissant sa voix à celle des admirateurs de Montesquieu. Quelle contradiction entre le langage qu'il paraît tenir dans ses lettres privées , et cet hommage public qu'il consacre dans son livre de l'Esprit , à la mémoire de ce grand homme !

Quoi de plus ridicule , par exemple , que la défense faite dans certains pays d'y faire entrer aucun exemplaire de l'Esprit des lois , ouvrage que plus d'un Prince fait lire et relire à son

fils! Ne peut-on pas, d'après un homme d'esprit, répéter, à ce sujet, qu'en sollicitant cette défense, les moines en ont usé comme les Scytes envers leurs esclaves : ils leur crevaient les yeux pour qu'ils tournassent la meule avec moins de distraction.

Quoique nous n'ayions jusqu'à-présent considéré Montesquieu que dans le plus important ouvrage sorti de son génie, nous sommes bien loin de penser que ceux qui l'ont précédé soient au-dessous de sa réputation ; il en est un qui eût ajouté à la gloire de Tacite, et par la précision du style, et par l'énergie de la pensée, et par l'éclat des couleurs. C'est dans les Causes de la grandeur et de la décadence des Romains que l'histoire du plus grand peuple de l'Univers se développe avec majesté, depuis son origine jusqu'à sa déplorable fin. L'œil y découvre le germe de ce vaste empire, le suit dans sa croissance , le contemple dans sa splendeur , et le voit ensuite s'affaisser, s'abîmer comme une superbe colonne dont on a miné la bâse, pour sur-charger son couronnement d'ornemens superflus, qui l'accâblent et l'entraînent sur la terre, qu'elle dominait glorieu-sement.

Que d'hommes ont lû les Lettres persannes sans se douter qu'ils avaient sous les yeux un des livres qui ren-ferment le plus de morale et de sagesse! Une critique aussi fine qu'ingénieuse des gouvernemens s'y dérobe sous le masque de la frivolité ; la superstition, le fanatisme y sont criblés de traits lancés par l'ironie la plus délicate ; l'é-rudition s'y montre parée des grâces de la légèreté , et l'austère vérité y

adoucit sa voix en empruntant le langage d'une aimable fiction. L'auteur y
paraît semblable à l'aigle jeune encore
qui essaye ses aîles timides, et se ba-
lance dans l'air, avant de prendre son
vol hardi, et d'aller s'emparer de la
région des cieux.

Il n'a manqué peut-être au Temple
de Gnide que d'avoir été véritablement
trouvé dans une des Bibliothèques
d'Athènes. Montesquieu, plus pur
qu'Anacréon, moins emporté que Sa-
pho, semble avoir arraché une des
plumes de l'Amour pour écrire ce joli
Poëme. On dirait que les Grâces, moins
vives mais plus touchantes que les
Muses, leur ont disputé la gloire d'ins-
pirer le génie ; qu'elles ont séduit
Apollon pour lui dérober sa lyre, et
communiquer à leur favori ses sons
harmonieux : elles lui ont révélé les
secrets de la cour qu'elles embellissent;

et pour que leur Déesse fût plus char-
mée de recevoir l'offrande d'un sage,
elles lui ont prêté sa ceinture.

Il a éprouvé une forme nouvelle ce
temple du goût, où erraient encore les
ombres de Corneille, de Despréaux, de
Racine et de Lafontaine : la place que
Montesquieu y occupa est effacée ; mais
le discours qu'il y prononça le jour de sa
réception survivra à toutes les révolutions littéraires : on y verra comment le
vrai talent a su échapper à la monotonie
de l'éloge ; communiquer de l'originalité
à d'anciens portraits ; orner la louange
de ce vernis de politesse, qui peut bril-
ler dans les républiques comme dans les
cours ; s'humilier sans s'abaisser ; ap-
porter des lumières, en paraissant en
demander, et justifier ses titres à la
gloire, en feignant d'en douter.

Entraînés par notre admiration pour
Montesquieu, nous n'avons pas pû nous

refuser au plaisir d'ajouter une fleur à la couronne qui pare sa tête auguste ; nous ne nous étions cependant proposé en commençant ce discours, que de parler de la beauté d'une édition conçue, exécutée par des citoyens qui ont des droits à la reconnaissance de la république, pour s'être chargés d'un tribut que la France devait à l'Écrivain que toutes les nations de l'Europe lui envient.

Ils n'ont pris pour règle de leur entreprise que la perfection de l'art ; pour mesures de leurs dépenses, que l'importance de l'ouvrage qu'ils se proposent d'offrir au goût des amateurs ; pour terme de leurs recherches, que le complément des œuvres de l'auteur ; enfin pour dédommagement de leurs avances, que la gloire de surpasser leurs émules.

L'amitié, l'amour des lettres, le patriotisme, sont venus à leur secours et les ont aidé à découvrir une *Disser-tation sur la religion des Romains*, qui ne sera pas indigne de paraître à côté des Causes de leur grandeur et de leur décadence; un Discours que Montesquieu a prononcé à l'académie de Bordeaux : s'il paraissait inférieur à celui qu'il fit entendre à l'académie Française, on se rappellera que les orateurs exercés savent adoucir l'éclat de leur voix et en mesurer l'étendue, sur l'enceinte qui en reçoit les sons.

Le sentiment reconnaîtra dans ce discours, moins l'expression de l'éloquence que le langage naïf de l'amitié qui répand négligemment des fleurs sur une tombe qu'elle avait déjà arrosée de ses larmes.

Les éditeurs conjurent, au nom de la gloire de Montesquieu, ses descendans, ses amis, ses compatriotes, de les aider à découvrir son *Voyage en Italie, en Hongrie, en Allemagne* ;

Une suite des Lettres persannes ;

Un ouvrage intitulé : *Le Prince* ;

Un recueil de Lettres, qui formait sa correspondance avec tous les savans du siècle, et bien plus intéressante par son objet, que ces lettres qu'on a publiées après sa mort, et qui n'étaient pas destinées à voir le jour.

Ils voudraient pouvoir redemander à la mer son *Morceau sur l'histoire de Venise*, que la crainte des inquisiteurs lui fit, dit-on, jeter dans les flots ; et aux flâmes, l'*Histoire de Louis onze*, qu'elles ont dévorée.

Quoique les images de nos rois soient devenues pour nous une suite de tableaux sans couleurs ; quoique leurs traits ne semblent être que des ombres plus ou moins difformes: les vrais amis des lettres regretteront toujours un ouvrage où l'émule de Tacite avait décrit le règne d'un prince qui subjugua, par l'artifice, ce qu'il ne put vaincre par la valeur; qui couvrit sa politique du voile de la superstition ; qui semblait prétendre envelopper dans sa dissimulation jusqu'à Dieu même ; et dont l'âme fière et terrible devant les puissances, se réconciliait avec l'humanité en s'abaissant devant l'infortune et le talent modeste.

Républicains qui contestez à Montesquieu l'honneur d'avoir élevé sa pensée à la hauteur de vos principes, vous qui osez lui reprocher d'avoir baissé une tête servile sous le sceptre des rois, lisez donc cette pensée qui a précédé toutes les vôtres : « Je ne puis » comprendre comment les princes » croient si aisément qu'ils sont tout,

» et comment les peuples sont si prêts
» à croire qu'ils ne sont rien ». Et vous,
fanatiques aveugles, qui rejettez si souvent les erreurs de quelques philo-
sophes sur la philosophie , et accusez
cette source de lumières et de vertus
d'avoir produit l'athéisme , lisez aussi
cette pensée du philosophe que vous
avez trop calomnié , et faites ensuite
une amende honorable à sa mémoire.

« Quand l'immortalité de l'âme serait
» une erreur, je serais fâché de ne pas
» la croire. J'avoue que je ne suis pas
» si humble que les athées. Je ne sais
» comment ils pensent ; mais pour moi
» je ne veux pas troquer l'idée de mon
» immortalité contre celle de la béati-
» tude d'un jour. Je suis charmé de me
» croire immortel comme Dieu même.
» Indépendamment des idées révélées,
» les idées métaphysiques me donnent

» une très-forte espérance de mon bon-
» heur éternel, à laquelle je ne voudrais
» pas renoncer ».

Il n'est pas toujours vrai que l'âme
d'un écrivain se peigne dans ses ouvrages , et qu'on puisse en juger sur
les productions de son esprit. On doit
donc savoir gré aux nouveaux Éditeurs de Montesquieu d'avoir mis sous
nos yeux, non pas seulement ces traits
qu'un habile burin a gravés, et que
la main de la mort a effacés , mais ce
qui est d'un bien plus grand prix, le
portrait que Montesquieu a tracé de
lui-même.

Combien son âme paraît pure dans
ces pensées tout-à-la-fois grandes et
naïves :

« Si je savais quelque chose qui me
» fût utile, et qui fût préjudiciable à
» ma famille, je le rejetterais de mon

(37)

» esprit. Si je savais quelque chose qui
» fût utile à ma famille et qui ne le fût
» pas à ma patrie, je tâcherais de l'ou-
» blier. Si je savais quelque chose d'u-
» tile à ma patrie, et qui fût préjudi-
» ciable à l'Europe et au genre humain,
» je le regarderais comme un crime.

Nous ne le dissimulerons pas, nous
aurions désiré qu'on eût retranché de
ses *Pensées diverses*, des jugemens sur
les auteurs Français, parce que ces
jugemens ne seront jamais confirmés,
ni par l'opinion publique ni par le
goût ; Montesquieu a beaucoup trop
exalté Crébillon, et semble avoir voulu
rendre à Voltaire, injustice pour injustice ; mais si c'est un tort de son
esprit, ce n'est pas celui de son cœur.

Lorsqu'on a lû et médité les ouvrages
de Montesquieu, on n'a plus besoin de
rien connaître de lui pour l'admirer ;

mais il lui était réservé de faire naître, après sa mort, le sentiment de la vénération ; le hasard a révélé une de ses actions secrettes, qui semble effacer le grand homme, pour lui substituer l'homme divin. Est-il un être assez insensible pour n'avoir pas été ému, attendri, de ce beau trait de la vie de Montesquieu, qui, semblable à la providence, seconde les efforts de la piété filiale, dénoue d'une main invisible les liens d'un père captif, et le ramène au sein de sa famille étonnée ? Cette action si belle, si généreuse, fût restée ensevelie, si quelques papiers échappés à la destruction, n'eussent trahi le silence de la vertu modeste. Il était réservé à la mort de Montesquieu de nous révéler un des plus précieux secrets de sa vie, et d'ajouter une nouvelle palme à sa gloire.

Détracteurs de ce grand homme, vous qui lui faites un crime d'avoir consolidé la monarchie, ce gouvernement sous lequel il existait : au-lieu de le diffamer , montrez-vous ses rivaux dans l'amour de la patrie, puisque la république s'est élevée en France sur les ruines de la plus antique monarchie de l'Europe ; attachez-lui tous les cœurs, conciliez-lui tous les suffrages ; prouvez par votre respect pour la loi nationale, par votre attachement aux principes de justice , que la république est le gouvernement où l'homme conserve le plus toute son indépendance et sa dignité. Evitez sur - tout les écueils que ce sublime législateur vous a montrés de si loin. Mais si les conseils du génie et les leçons de l'expérience ne peuvent vous éclairer ; si, toujours occupés d'idées ambitieuses et de projets de vengeance , vous voulez ne suivre que vos passions et n'écouter que votre intérêt personnel ; enfin si , vous aveuglant sur vos facultés , vous prétendez tous à l'honneur de commander : il faudra vous abandonner à votre destinée et prévoir tous vos malheurs, sans s'exposer au danger de vous les annoncer.

FIN.

www.ingramcontent.com/pod-product-compliance
Lightning Source LLC
Chambersburg PA
CBHW061706060726
47597CB00006B/2220